AF259736

PROJET

DE

CONSTITUTION

RÉPUBLICAINE

PAR

M. E. GEORGE

Membre de l'Assemblée Nationale

EPINAL

IMPRIMERIE BUSY FRÈRES

—

1871

PROJET
DE
CONSTITUTION RÉPUBLICAINE

Je désire pour mon pays une Constitution et des institutions républicaines, non-seulement parce que la République est, en dehors de la doctrine du droit divin, la seule forme de gouvernement logique en théorie ; mais encore parce que je crois que, dans la pratique, c'est elle qui peut donner, dans la plus large mesure et de la manière la plus durable, ce que tout citoyen est en droit d'exiger d'un gouvernement, et ce qui est le but même de toute organisation sociale, je veux dire le respect et la protection de l'individu dans toutes ses légitimes expansions : travail et propriété, famille, croyances religieuses et manifestations de la pensée.

Bien que la théorie monarchique, de même que toutes les théories autoritaires ou socialistes, aboutisse en logique à l'absorption de la liberté individuelle par l'Etat au profit de la collectivité ;

cependant, je reconnais qu'en fait, il peut arriver que, dans une monarchie, les droits individuels puissent trouver des garanties plus ou moins satisfaisantes. Mais, quoi qu'on fasse, ils n'y trouveront jamais qu'une sécurité momentanée ; car partout où il y a un roi héréditaire, il y a un gouvernement soumis aux contre-coups des faiblesses humaines : il y a en présence deux éléments opposés, et le changement d'état de l'un d'eux peut à tout moment rompre l'équilibre et amener la lutte.

Je suppose sur le trône un homme intelligent, habile et honnête, tout ira bien tant qu'il conservera ces qualités. Mais viennent les infirmités de l'intelligence, la résistance sénile à tout progrès, et un beau jour peut éclater une révolution de 1848.

Ou que les hasards de l'hérédité amènent à la tête du royaume un esprit étroit et hostile aux institutions existantes, et la nation se trouve placée dans l'alternative d'une révolution de 1830 ou d'un coup d'Etat.

Restaurer la monarchie en France, ce serait donc ménager pour l'avenir de nouvelles et inévitables révolutions.

Aussi presque tout le monde serait aujourd'hui disposé à accepter la forme républicaine.

Mais le mot République peut servir à désigner les modes les plus divers de gouvernement, les meilleurs aussi bien que les plus détestables ; jusqu'alors on ne s'est pas fait faute d'en abuser ; et c'est là surtout la cause de la réserve méfiante qui tient à l'écart tant de bons esprits que rallierait immédiatement un programme clairement défini.

Or, il ne suffit pas, pour donner une formule précise, d'accumuler les épithètes et de dire que l'on veut une République honnête, modérée, libérale, etc. Ce sont des mots creux ; il faut aujourd'hui au pays un exposé précis des institutions dont l'ensemble doit former la Constitution républicaine.

Et je crois qu'il est grand temps que le parti républicain se recueille et s'explique à cet égard, s'il ne veut se laisser encore prendre au dépourvu.

C'est ce programme que je voudrais essayer d'esquisser le plus brièvement possible. Si je ne puis y apporter une autorité suffisante, j'y apporte du moins une conviction profonde et réfléchie ; et, en tout cas, j'aurais atteint mon but, si cet essai pouvait éveiller la discussion sur ces questions dont les événements peuvent, à l'improviste, brusquer la solution.

CHAPITRE 1er

Comme base de toute organisation politique se trouve aujourd'hui le suffrage universel direct. Quelque sérieux que puissent être les reproches que l'on peut avoir à lui adresser, personne ne croit actuellement possible de le supprimer. Il est d'ailleurs conforme au principe de l'égalité des droits.

Mais, comme il importe, surtout dans une République, d'assurer la sincérité et la *personnalité* du suffrage, il conviendrait d'exiger que le bulletin de vote fût écrit par l'électeur au bureau même.

Sans doute les électeurs ne sachant pas écrire se trouveraient, en fait, dans l'impossibilité de voter : mais ils n'en seraient pas moins inscrits comme électeurs. Leur droit ainsi reconnu, c'est à eux de se mettre en mesure de l'exercer.

CHAPITRE II

L'Assemblée nationale issue du suffrage universel a le pouvoir législatif, et elle est souveraine, en ce sens que c'est d'elle que doivent émaner, directement ou indirectement, la plupart des autres pouvoirs politiques.

Il faut donc qu'elle ait ce qui est indispensable pour l'exercice du pouvoir, et ce qui jusqu'ici semblait être le privilége de la monarchie, je veux dire la durée et la continuité des traditions.

Il faut de plus qu'elle ait ce que la monarchie ne peut avoir et ce qui est le préservatif des révolutions, le rajeunissement constant et régulier.

Pour cela, l'Assemblée doit être perpétuelle et

renouvelable annuellement, par fraction.

§ 1. — Je la demande perpétuelle :

D'abord, parce que les élections générales sont pour le commerce et les affaires des crises redoutées qu'il importe d'éviter ; que l'agitation excessive qui les accompagne est à la vie politique ce que la fièvre est à la vie physique, une cause d'affaiblissement ;

Que d'ailleurs l'impuissance forcée de l'Assemblée dont le mandat touche à son terme, l'inexpérience de celle qui arrive, la brusque rupture des traditions politiques, sont autant de causes de faiblesse et de malaise.

Et qu'enfin, ces Assemblées successives se succédant tout d'une pièce, sont en réalité une série de gouvernements différents ; que chacun de ces changements est une véritable révolution, ou du moins en a une partie des inconvénients ; et qu'un tel ordre de chose me semble tout l'opposé de ce que doit être l'organisation d'une forme définitive de gouvernement.

§ 2. — Je la demande renouvelable annuellement et par fraction d'un cinquième :

Parce que l'expérience a prouvé que les élections partielles donnent, mieux que les élections générales, la note politique du pays ; que c'est le moyen le plus pratique et le plus sage de maintenir sans cesse l'accord entre l'Assemblée et la nation, tout en évitant les inconvénients de trop brusques déplacements de majorité ; et qu'enfin ce système,

si logique en théorie, a déjà reçu chez nous la
consécration d'une expérience heureuse. (Charté
de 1814, art. 37.)

Une telle Assemblée, ayant les avantages de la
maturité et de la pratique des affaires, sans avoir
ni l'engourdissement de la vieillesse, ni l'inexpérience de la jeunesse, me semble, seule, avoir les
qualités nécessaires pour remplir dignement le
rôle considérable qui lui appartient dans la République.

CHAPITRE III

Mais si bien composée que puisse être une Assemblée Nationale, forcément nombreuse, elle ne
peut être à la fois pouvoir législatif et pouvoir
exécutif.

Il faut évidemment que le pouvoir exécutif et
l'administration soient délégués soit à une com-
mission de plusieurs membres, soit à un seul
homme.

Or, le bon sens nous indique, et l'histoire a
prouvé que, chaque fois qu'il y a pluralité dans le
pouvoir exécutif, il y a conflit de volonté, tiraille-
ments, et, partant, impuissance ou désordre.

D'ailleurs, s'il y a pluralité, il y a délibération ;
et dès qu'il y a délibération, la responsabilité di-
recte et personnelle, la seule responsabilité effec-

tive, disparaît ; et. avec elle, disparaît aussi la plus sérieuse garantie d'une bonne gestion.

Je veux donc que le Pouvoir exécutif soit délégué à un seul mandataire ; mais, bien entendu, seulement pour un temps très-limité et sans possibilité de réélection ; si, cependant, pour stimuler le zèle de l'administrateur, ou en prévision de circonstances difficiles, on accordait le droit de réélection, il faudrait, en tous cas, le limiter à une seule prorogation, afin de ne pas s'exposer à encourager de vagues et dangereuses espérances.

CHAPITRE IV

I. — Une Assemblée Nationale et un chef du Pouvoir exécutif, voilà l'indispensable, mais est-ce tout ?

Je l'ai déjà dit : pour moi, la raison d'être de tout gouvernement, c'est la garantie des libertés et des droits de l'individu.

Or, si je ne veux pas abandonner ces droits au caprice d'un monarque, suis-je suffisamment garanti en les abandonnant aux volontés d'une assemblée souveraine et sans contrepoids ?

Cette Assemblée, quelle qu'elle soit, aura aussi ses heures d'entraînement irréfléchi. Qui alors protégera le droit méconnu ? Où en appeler de ses décisions ?

Un droit de *veto*, confié au chef du pouvoir exécutif, serait évidemment une garantie illusoire : ce fonctionnaire, nommé par l'Assemblée, serait sans force contre elle ; ou, si la lutte était possible, ce serait un danger plus grand encore.

Il faut donc autre chose à côté de l'Assemblée Nationale ; il faut un corps fortement constitué, dont l'autorité morale soit assez grande pour s'imposer à l'Assemblée Nationale et être acceptée par elle.

II. — D'ailleurs, il est avoué par tous que les lois votées par les grandes assemblées, bonnes dans leur esprit général, renferment souvent des imperfections de texte ou des défauts de concordance avec d'autres lois antérieures, qui en rendent l'application pleine de difficultés.

Il serait donc utile encore à cet égard, qu'une autre Assemblée, moins nombreuse et offrant des garanties spéciales de science et de réflexion, fût appelée à réviser et à amender le texte des lois votées par l'Assemblée Nationale.

III. — Enfin, et à un autre point de vue, il n'est guère contestable qu'une grande Assemblée, emportée par le courant des discussions, ne peut prendre une part suivie et efficace à la partie purement administrative du gouvernement.

Tout ce terrain resterait dans le domaine, en fait exclusif, du chef du Pouvoir exécutif. Or, ce domaine est énorme et constitue la partie substantielle du Pouvoir.

Il y aurait là une tâche trop considérable pour qu'un homme suffise à la remplir aussi bien qu'il serait possible de le faire; l'expérience l'a presque toujours démontré.

Et le danger de laisser tout ce pouvoir entre les mains d'un seul homme serait d'autant plus grand que, avec une seule Assemblée, le contrôle serait inefficace ou dangereux. L'Assemblée, en effet, ne s'apercevrait des abus commis que par leurs effets, c'est-à-dire quand les faits sont accomplis, les responsabilités engagées, et par conséquent les conflits inévitables.

Il convient donc qu'il y ait entre l'Assemblée Nationale et le Pouvoir Exécutif un corps politique capable, par son organisation et sa composition, de participer, d'une manière active et constante, à la haute administration de l'Etat. (C'est en partie ce qui a lieu pour le Sénat américain.)

IV. — Cette ingérence d'un corps politique spécial dans l'administration pourrait en outre, et ce ne serait pas là son moindre avantage, fournir enfin un moyen efficace de supprimer la routine administrative et la bureaucratie, ces lèpres de nos institutions.

Jusqu'alors, quand une réforme proposée par l'initiative privée était prise en considération, on en renvoyait l'appréciation définitive et le soin de la mettre à exécution au ministre, qui, absorbé par l'excessif et incessant labeur de chaque jour, était forcé de s'en remettre à d'autres agents, qui, à des sous-agents... et, en fin de compte, il ne se faisait rien ou peu de chose : et c'est ainsi que la plupart de nos administrations, vieillissant sans être rajeunies, sont tombées dans un état d'infériorité que la dernière crise a mise à nu.

Appeler une Chambre haute non-seulement à étudier, conjointement avec le Pouvoir exécutif, les réformes et les améliorations proposées, mais encore à *en surveiller et en diriger jusqu'au bout la mise en pratique*, c'est, je crois, le moyen le plus simple et le plus sage d'apporter la lumière et la vie dans toutes les branches de l'administration.

Mais, pour accomplir toutes ces missions, il faut évidemment que cette Chambre haute soit tout autre chose que ces assemblées que nous avons connues, où l'inamovibilité engendrait l'inertie et l'impuissance, et qui étaient plutôt de coûteux décors que d'utiles rouages.

Il faut tout d'abord y introduire et y maintenir la vie et l'activité ; et, pour cela, il faut le renouvellement et le mandat temporaire.

Seulement, comme, plus encore que l'Assemblée Nationale, cette Chambre haute doit avoir la pratique parlementaire et la tradition politique, la durée du mandat devrait y être plus longue (sept ou huit ans par exemple), tout en conservant le même mode de renouvellement annuel et par égales fractions.

En outre, comme il importe également que les

délibérations y soient réfléchies, calmes et au-
dessus des emportements tumultueux des assemblées nombreuses, il est nécessaire que le nombre
des membres de cette Chambre soit assez restreint,
quoique suffisant, pour la formation de toutes les
commissions : le chiffre de cent membres me sem-
blerait convenable.

Reste maintenant la question la plus délicate :
qui nommera cette Chambre haute ?

La faire nommer par le suffrage universel, c'est
créer en face de l'Assemblée Nationale un pouvoir parallèle, d'égale autorité, composé des
mêmes éléments, dès lors inutile et par conséquent
dangereux.

En confier la nomination exclusivement, soit
à l'Assemblée Nationale, soit au Pouvoir exécutif,
c'est la placer sous la dépendance de l'une ou
de l'autre ; et sans indépendance une Chambre
haute n'a plus de raison d'être.

S'inspirant de l'exemple des Etats-Unis, on
pourrait peut-être se demander s'il ne conviendrait pas de la faire nommer par les conseils généraux ? Mais ce serait appliquer des institutions
fédéralistes à une nation qui ne l'est pas ; ce serait renouveler en sens inverse l'inutile effort déjà
plusieurs fois tenté par ceux qui, pour arriver à
copier les institutions de nations aristocratiques,
essayaient de créer dans notre démocratie une
aristocratie factice. On ne peut pas plier une
nation à des institutions de convention et d'en-

gouement ; pour être durables, il faut que ce soient, au contraire, les institutions qui se plient et soient appropriées à la manière d'être de la nation.

D'ailleurs, qu'obtiendrait-on par ce mode d'élection? Une manière de conseil général supérieur, une seconde représentation des intérêts locaux déjà représentés dans la première chambre ; mais, bien certainement, on ne pourrait espérer obtenir ainsi cette Assemblée d'élite pouvant suffire à la grande mission politique et administrative d'une Chambre haute.

Et enfin, il est certain qu'entre cette Chambre nommée par les conseils généraux, et l'Assemblée Nationale issue du suffrage universel, il se manifesterait sans cesse une rivalité, un antagonisme, qui serait la source de maintes difficultés et pourrait, à un moment donné, aboutir encore à de nouvelles crises.

Pour résoudre le problème, il est, je crois, beaucoup plus simple de laisser de côté tout système préconçu, toute conception *à priori*, et de se demander d'abord de quels éléments doit être composée la Chambre haute pour remplir complétement sa mission ; et, cela connu, il sera bien facile d'indiquer le moyen de les y faire entrer.

1. — Puisque le rôle de cette Chambre est d'abord un rôle politique, et qu'à raison de ses attributions, au regard de l'Assemblée Nationale, elle a besoin, sur ce terrain, d'une autorité mo-

rale considérable, il est clair qu'elle doit pour cela renfermer dans son sein les sommités politiques du pays, celles du moins que l'opinion publique entoure de sa considération.

Qui les désignera ? Naturellement ceux qui sont les représentants accrédités de l'opinion publique en pareille matière, c'est-à-dire les membres de l'Assemblée Nationale.

En attribuant à cette Assemblée la nomination d'un tiers des membres de la Chambre haute, on donnera à cette Chambre l'autorité qui lui est nécessaire, et on maintiendra entre les deux Assemblées l'accord politique, sans cependant placer l'une sous la dépendance de l'autre.

II. — La Chambre haute partage aussi avec le Pouvoir exécutif une partie des pouvoirs administratifs, et c'est à elle qu'appartient la haute surveillance de nos institutions.

Il faut donc qu'elle compte parmi ses membres un certain nombre d'hommes spéciaux, ayant la pratique des affaires et choisis dans les administrations, dans l'armée, la marine, etc.

Or en ces matières l'opinion publique est un fort mauvais juge. Le Pouvoir exécutif est, au contraire, dans la meilleure position possible pour être bien renseigné et pour bien apprécier les hommes. Il semble donc naturel de s'adresser à lui pour les choisir, en limitant, bien entendu, son choix dans un cercle déterminé. (C'est ce que faisait la constitution de 1830 pour la Chambre des pairs.) Confier au Pouvoir exécutif la nomination d'un tiers des membres de la Chambre haute (part égale à celle réservée à l'Assemblée Nationale), c'est, je crois, lui faire dans la composition de cette Chambre une part légitime, nécessaire, et qui n'a rien d'excessif, et j'ajoute rien de dangereux.

Car, si on réfléchit, d'une part, que le mécanisme du renouvellement partiel et la brièveté de son propre mandat ne lui permettent de nommer qu'un petit nombre de membres, et, par conséquent, ne lui laissent même pas l'espérance de modifier la composition de la Chambre d'une façon sensible ; d'autre part, que l'élection de ces membres arrivant chaque année à jour fixe, ces choix ne peuvent se faire que sous le contrôle de l'opinion publique, on comprendra que le chef du Pouvoir exécutif a lui-même un intérêt personnel à faire de son droit le meilleur usage possible.

III. — La Chambre haute doit être la gardienne vigilante et de la Constitution et aussi, et surtout, des droits imprescriptibles supérieurs à la Constitution même et à toute loi écrite.

C'est là la partie la plus élevée et la plus noble de sa tâche ; mais aussi elle exige, non pas seulement le sentiment vague et général du droit, mais encore une perception nette de ses limites.

Or, il est une classe de citoyens que leurs études et leurs occupations habituelles désignent plus spécialement à cet effet, ce sont les magistrats et les professeurs de droit.

Leur présence dans cette Assemblée serait d'autant mieux justifiée que, presque toujours, la seconde discussion des lois et la révision de leur texte exigent précisément une profonde connaissance de toute notre législation et une certaine pratique judiciaire.

En entrant dans cette Chambre haute, la magistrature y trouverait donc un rôle conforme à ses aptitudes autant qu'à ses traditions.

Mais j'ajoute que, pour être à même de remplir cette haute mission politique, la magistrature doit, à mon avis, être d'abord affranchie des liens qui la tiennent courbée sous la dépendance du Pouvoir exécutif; je veux dire la nomination et l'avancement laissés pour ainsi dire à l'arbitraire. Cela a été pour elle une cause de décadence et de déconsidération qu'il n'est que temps de supprimer. Le concours à l'entrée, et l'élection (par les magistrats et le barreau) pour la nomination aux places, me semblent les garanties naturelles des deux qualités nécessaires au magistrat, la science et la considération.

A ce prix, la magistrature ne se verra plus contester l'inamovibilité, qui sera alors ce qu'elle doit être, le couronnement de son indépendance. Et si, à raison du caractère de sa mission sociale, elle doit évidemment être tenue par une loi d'incompatibilité à l'écart des fonctions politiques électives, elle aura, en revanche, conquis droit de cité dans la Chambre haute, et elle y prendra la part légitime d'action que lui assignent nos traditions historiques et les principes de liberté consacrés par la pratique des républiques modernes.

Je voudrais donc qu'un sixième des siéges de la Chambre haute fût réservé à la magistrature (professeurs de droit compris), et que la nomination à ces siéges eût lieu par voie d'élection par la Cour de cassation, les Cours d'appel et les Facultés de droit.

IV. — Ce n'est pas tout encore :

Cette Chambre haute doit être l'expression la plus élevée du génie même de notre nation ; dès lors, il est indispensable, ne fût-ce que pour consacrer l'autorité morale dont elle doit être entourée, d'y faire place à la représentation des sciences et des lettres ; et, à cet effet, de charger l'Institut, les corps savants et les Facultés d'y envoyer par élection un certain nombre de membres.

V. — Enfin, dans un autre ordre d'idée, et pour compléter l'ensemble des aptitudes nécessaires à une telle assemblée, il conviendrait que le chef du Pouvoir exécutif et les ambassadeurs fussent, en sortant de charge, membres de plein droit de la Chambre haute, mais seulement pour un nombre d'années limité.

Ainsi composée, la Chambre haute serait, je crois, dans les meilleures conditions possibles pour suffire à sa mission. Bien que vivifiée sans

cesse par le renouvellement annuel, elle n'en
serait pas moins, il est vrai, une sorte de chambre
aristocratique ; mais l'aristocratie qui la compose-
rait est la seule que peut, que doit admettre une
nation démocratique, c'est l'aristocratie de l'intelligence.

CHAPITRE V

Ainsi, en résumé :

Une Assemblée nationale nommée par le suffrage universel, assez nombreuse pour que tous
les intérêts y soient représentés, perpétuelle et
renouvelable annuellement par cinquième ;

Une Chambre haute, chargée à la fois de pouvoirs politiques et de pouvoirs administratifs, composée de cent membres, également perpétuelle,
renouvelable annuellement par huitième, nommée
pour un tiers par l'Assemblée nationale, pour un
autre tiers par le Pouvoir exécutif, pour un sixième
par la magistrature et les facultés de droit, et
pour le dernier sixième par les représentants des
lettres et des sciences ;

Et enfin un chef du Pouvoir exécutif nommé
pour quatre ans, non rééligible (ou une seule fois
rééligible) et choisi par l'Assemblée Nationale et
la Chambre haute réunies ;

Tels sont, à mon avis, les éléments essentiels

du gouvernement républicain ; et, dans ces conditions, j'ai la conviction qu'aucune forme de gouvernement ne peut offrir autant de garantie, de
stabilité et de liberté.

ÉMILE GEORGE.

Epinal. — Imprimerie BUSY Frères,